BEI GRIN MACHT SICH IHR WISSEN BEZAHLT

Carsten Freitag

Zu Joyce Appleby: "Capitalism and a New Social Order"

GRIN Verlag

Bibliografische Information der Deutschen Nationalbibliothek:

Die Deutsche Bibliothek verzeichnet diese Publikation in der Deutschen National-
bibliografie; detaillierte bibliografische Daten sind im Internet über http://dnb.d-
nb.de/ abrufbar.

Impressum:

Copyright © 2003 GRIN Verlag GmbH
Druck und Bindung: Books on Demand GmbH, Norderstedt Germany
ISBN: 978-3-640-88560-2

Dieses Buch bei GRIN:

http://www.grin.com/de/e-book/44196/zu-joyce-appleby-capitalism-and-a-new-
social-order

GRIN - Your knowledge has value

Der GRIN Verlag publiziert seit 1998 wissenschaftliche Arbeiten von Studenten, Hochschullehrern und anderen Akademikern als eBook und gedrucktes Buch. Die Verlagswebsite www.grin.com ist die ideale Plattform zur Veröffentlichung von Hausarbeiten, Abschlussarbeiten, wissenschaftlichen Aufsätzen, Dissertationen und Fachbüchern.

Besuchen Sie uns im Internet:

http://www.grin.com/

http://www.facebook.com/grincom

http://www.twitter.com/grin_com

Universität der Bundeswehr Hamburg
Carsten Freitag
Politikwissenschaften
Jahrgang 2000

Joyce Appleby:

Capitalism and a New Social Order

Literaturbericht

The Federalist

1. Einleitung

Dieser Literaturbericht beschäftigt sich mit dem Buch „Capitalism and a New Social Order" von Joyce Appleby. Es handelt sich dabei um die vier sogenannten „Phelps"[1] Vorlesungen die 1982 gehalten wurden. Die hier verwendete Ausgabe ist 1984 im Verlag der New York University erschienen.

Joyce Appleby war von 1981 bis 2001 Professorin für Geschichte an der Universität von Los Angeles. Sie beschäftigte sich mit der frühen modernen Periode Englands, Frankreichs und Amerikas. Ihr Schwerpunkt lag dabei auf Fragen, die liberale Werte und Institutionen betrafen.[2]

Die vorliegende wissenschaftliche Untersuchung befasst sich mit diesem Themenbereich. Die Autorin betrachtet das politische Amerika im Zeitraum von 1790 bis 1800. Im Mittelpunkt der Analyse steht die liberale Bewegung der Republikaner, deren Leitfigur Thomas Jefferson war. Diese Bewegung hatte neue Ideen bezüglich der Werte, der Gesellschaft und des wirtschaftlichen Systems. Ihre Ziele waren die freie Entfaltung des Individuums, politische Mitbestimmung und ein kapitalistisches Wirtschaftssystem.

Die herrschende Gruppe der Föderalisten stand in der Tradition der englischen Aristokratie. Sie hatten eine starke Zentralregierung geschaffen, die von der föderalistischen Elite geleitet wurde. Die Republikaner jedoch kritisierten den Aufbau eines britisch-aristokratischen Herrschaftssystems in Amerika. So kam es zur Auseinandersetzung der ersten politischen Bewegung mit der führenden Schicht. Diesen politischen Konflikt entschieden letztlich die Republikaner für sich. Im Jahre 1800 wurde Thomas Jefferson Präsident der Vereinigten Staaten von Amerika. Damit hatten sich die Republikaner nicht nur durchgesetzt, sie waren nun auch in der Lage, ihre gesellschaftlichen und wirtschaftlichen Vorstellungen umzusetzen.

Es ist insbesondere diese politische Konfrontation zwischen Föderalisten und Republikanern, die Joyce Appleby interessiert. Dabei untersucht sie die Ideen, Umstände und Hintergründe, die zum Erfolg der Republikaner führten. Einen Schwerpunkt legt die Autorin dabei auf die Idee des Kapitalismus.

Appleby hat ihre Analyse in vier Kapitel unterteilt. Der Literaturbericht folgt in seiner Gliederung dieser Einteilung.

---

[1] Joyce Appleby: Capitalism and a New Social Order, New York University Press, 1984, S. 1
[2] Internetseite der UCLA: http://www.ssc.ucla.edu/history/appleby/

2. Inhalt

2.1 Britische Wurzeln

Im ersten Teil ihrer Vorlesungsreihe beschäftigt sich die Autorin mit dem Ursprung der amerikanischen Gesellschaft und ihrer Normen und Werte, sowie mit der Quelle der Ideen der Föderalisten und der Republikaner.

Joyce Appleby beginnt bei ihrer Suche nach dem Ursprung der republikanischen Ideen in England, genauer in der altehrwürdigen Universität von Cambridge. Dort waren im Jahre 1865 die liberalen republikanischen Ideen noch so gefürchtet, dass man Vorlesungen über „(...) History, Literature and Institutions of the United States"[3] einfach verbot. Die neuen Ansichten gefährdeten die traditionell aristokratische englische Gesellschaft, die auf Werten wie Autorität, Glauben, Gehorsam und Ehrfurcht fußte.[4]

Diese Gesellschaftsform und Wertvorstellungen brachten die Kolonisten aus Europa mit nach Amerika. „(...) America was not born free, rich and modern."[5] Im Gegenteil, es war größtenteils erzkonservativ geprägt. Dies war das Amerika der Föderalisten, es gab eine klare Unterscheidung zwischen der talentierten Elite und der für Staatsaufgaben ungeeigneten Masse. Die klassische Theorie unterstützte diese Sichtweise, denn nach ihren Lehren war die Gesellschaft fragil. Eine wohl durchdachte Verfassung wurde gebraucht, denn die Menschen strebten nach Macht.[6]

Die stetig wachsende Wirtschaft in Amerika führte zwangsläufig zur Entstehung von Armen und Reichen. Die neuen reichen Amerikaner befürworteten den Anglizismus, sie sahen sich nunmehr als Aristokraten, als diejenigen die zur Führung auserwählt waren. Diese Entwicklung wurde aus England unterstützt, indem man mehr englische Vorbilder in die Kolonien schickte.[7]

Es war auch der allgemeine Wohlstand in den Kolonien, der letztlich die Revolution möglich machte. Da die Oberschicht nicht durch die Existenz einer armen Masse gezwungen wurde zusammenzuhalten, zersplitterte sie. Die alte Elite unterstützte fortan als Föderalisten den Aufbau einer starken Zentralregierung, um so

---

[3] Joyce Appleby: Capitalism and a New Social Order, New York University Press, 1984, S. 1
[4] Vgl. ebd., S. 3
[5] Ebd., S. 7
[6] Vgl. ebd., S. 8 ff.
[7] Vgl. ebd., S. 10 ff.

ihren Status zu festigen.[8] So erklärt Appleby die koloniale Ausgangslage und die konservative Einstellung der Föderalisten.

Auch die Suche nach den Wurzeln der Republikaner beginnt Sie mit bei englischen Werten und Normen. Tugend wurde im klassischen Verständnis meist als bürgerliche Tugend begriffen, die Fähigkeit von Bürgern ihre privaten Interessen zu überwinden, um sich dem Gemeinwohl widmen zu können. Ende des 18. Jahrhunderts hatte sich die Bedeutung des Begriffes geändert. Tugend hatte nunmehr eine überwiegend private Qualität.[9]

Entscheidend für das republikanische Verständnis war der Begriff der Freiheit. Appleby verweißt auf drei unterschiedliche Bedeutungen dieses Kerns des republikanischen Denkens. Am wenigsten verbreitet war die Bedeutung als persönliche Freiheit, als Freiheit am öffentlichen Leben teilzuhaben und politisch mitzuwirken. In der klassischen Tradition waren Tugend und Freiheit untrennbar verbunden. Frei war also nur jemand, der genügend Tugend besaß. In den Kolonien hieß das Geld und Ansehen.[10]

Die zweite Freiheit war „(...) the liberty of secure possession (...). Unlike classical republican liberty, this kind of liberty was negative, private, and limited."[11] Diese Freiheit wurde durch Recht und Gesetz über Zeit zementiert und galt in Monarchien wie in Demokratien. Obwohl die Freiheit historischer Rechtstradition und die klassische liberale Freiheit sich grundlegend unterschieden, verschmolzen sie in England miteinander.[12]

Dritte und für die Republikaner wesentliche Bedeutung war die von Thomas Hobbes begründete. Sein liberales Konzept der Freiheit war eine abstrakte Definition, die besagte, dass alle Menschen von Natur aus gleich sind. John Locke griff diese Gedanken in seiner Regierungstheorie auf und erweiterte ihn um die Volkssouveränität, nach der die Regierung von den Menschen freiwillig eingesetzt wird. Weder patriarchalische noch absolutistische Regierungsformen erkannte Locke an.[13] „(...) the liberal concept of liberty was everything that the classical republican concept was not."[14]

---

[8] Vgl. ebd., S. 13
[9] Vgl. ebd., S. 14 ff.
[10] Vgl. ebd., S. 16 ff.
[11] Ebd. S. 17
[12] Vgl. ebd., S. 17 ff.
[13] Vgl. ebd., S. 19 ff.
[14] Ebd., S. 21

Die unterschiedlichen politischen Positionen der beiden Bewegungen basieren demnach auf verschiedenen Wertvorstellungen und Gesellschaftsbildern. Joyce Appleby untersucht in diesem Kapitel anschaulich die Gründe für die verschiedenen Positionen, indem sie anhand des Begriffes der Freiheit die grundlegend unterschiedlichen Wertvorstellungen herausarbeitet.

2.2 Hoffnung auf Wohlstand

Im zweiten Teil richtet Joyce Appleby ihr Augenmerk auf die Wirtschaft. Dabei geht sie auf die Ausgangslage Ende des 18. Jahrhunderts, sowie auf die unterschiedlichen wirtschaftlichen Konzeptionen ein.

Adam Smith sprach 1776 vom nicht endenden Streben des Menschen nach Verbesserung. Mit diesem Antrieb verband sich ein neues Konzept von der Natur des Menschen. In England hatte sich ein nationaler Markt entwickelt. Damit verbreitete sich auch die Idee des Kapitalismus. England entwickelte sich zu einer kommerziellen Gesellschaft.[15]

Der Begriff des Marktes veränderte sich, hin zu einer Abstraktion für alle möglichen Transaktionen. Die Menschen begannen sich profitorientiert zu verhalten. In ihrem marktwirtschaftlichen Verhalten waren die Menschen nun gleich, egal ob man reich oder arm war.[16]

Smiths Theorie beschrieb den kapitalistischen Prozess bis ins kleinste. Sie sagte aus, dass trotz des ausgeprägten Eigeninteresses der einzelnen Marktteilnehmer, der Wettbewerb schließlich für das größtmöglichste Gemeinwohl sorgen würde. Dies war eine Revolution, war doch die Wirtschaft bis dahin stark durch den Staat reguliert.[17]

Dieser Verlust von staatlichem Einfluss war in England ein großes Problem, denn es war der Staat und die oberen Schichten die für eine funktionierende Gesellschaft und für das Gemeinwohl sorgten. Wie sollten sie dies weiterhin tun wenn ihnen die Kontrolle entglitt? Die ökonomische Entwicklung kollidierte mit der traditionellen Gesellschaft.[18]

In den Kolonien stellte sich die Situation grundlegend anders dar. „Unlike Europe with its underemployed poor, the colonies exhibited the remarkable

---

[15] Vgl. ebd., S. 25 ff.
[16] Vgl. ebd., S. 30 ff.
[17] Vgl. ebd., S. 32 ff.
[18] Vgl. ebd., S. 38 ff.

phenomenon of a society experiencing rapid population growth without a decline in the standard of living."[19]

Zwar wurden Teile der amerikanischen Wirtschaft von den normalen Höhen und Tiefen beeinflusst, wie z.B. die Plantagen im Süden, dennoch gab es eine fundamentale Änderung der Lage. Ein erheblicher Anstieg in der Nachfrage von Nahrungsmitteln schaffte Arbeit für immer mehr Farmer in den Kolonien. Dies zeigte sich in steigenden Nahrungsmittelpreisen. Interessant ist weiterhin, dass insbesondere die Lebensmittel nachgefragt wurden, die von kleinen Farmen produziert wurden.[20]

Somit wuchs die Zahl derer, die eigenständig produzierten und dementsprechend vom marktwirtschaftlichen System profitierten. „What foreign visitors noticed was the ease of the American farmer's life."[21] Die amerikanische Wirtschaft florierte, angetrieben durch die Landwirtschaft verbreitete sich so ebenfalls die kapitalistische Idee. „With old assumptions undermined, radical theories about individual freedom acquired plausibility."[22]

Die positive wirtschaftliche Entwicklung spielte also eine entscheidende Rolle. Jeffersons Bewegung war dementsprechend dort besonders stark, wo es ein starkes Wachstum gab. „As individuals, the Jeffersonians were socially and geographically mobile, particularly in the North."[23] Die Republikaner und die Föderalisten unterschied besonders die moralische Bedeutung, die sie dem wirtschaftlichen Fortschritt beimaßen. Jeffersons Männer sahen Hoffnung in dem vom Kapitalismus versprochenen Wohlstand. Der funktionierende Markt war wie eine Vorlage für die Gesellschaft.

Die Autorin hebt in diesem Kapitel die Signifikanz der wirtschaftlichen Entwicklungen hervor. Dabei gelingt ihr der Brückenschlag von einer erhöhten Lebensmittelnachfrage, über Adam Smiths Theorie, bis zu den gesellschaftlichen Auswirkungen und deren Interpretation durch die Republikaner und Föderalisten.

---

[19] Ebd., S. 39
[20] Vgl. ebd., S. 39 ff.
[21] Ebd., S. 42
[22] Ebd., S. 46
[23] Ebd., S. 48

2.3 Eine Gesellschaft ohne Klassen?

Im nächsten Kapitel knüpft Appleby an die gesellschaftlichen Auswirkungen der Wirtschaft an, indem sie sich die Vorstellungen der Republikaner bezüglich einer neuen Gesellschaft genauer ansieht.

Alexis de Tocqueville schreibt nach seinem Besuch Amerikas 1831, dass die Gleichheit an Möglichkeiten und Bedingungen in Amerika überwältigend ist.[24] Hätte er die Kolonien um die 1790 bereist, so hätte er noch ein anderes Bild vorgefunden. Die Föderalisten wollten die Politik vom öffentlichen Einfluss fernhalten und waren damit zunächst auch erfolgreich.[25] Doch das alte aristokratische System war bereits isoliert und wurde öffentlich kritisiert. Insbesondere das Thema der politischen Mitbestimmung, dem die Föderalisten ablehnend gegenüberstanden, wurde diskutiert.[26]

England und Frankreich wurden zu Anschauungsmodellen für die amerikanische Zukunft. Die Föderalisten sprachen sich vehement für das englische Modell aus, mit seiner ausgeklügelten Verfassung und der Aufteilung in Elite und Pöbel. Die Republikaner hingegen feierten die französische Revolution als Meilenstein für eine Gesellschaft von freien Männern, ohne traditionelle Ketten.[27]

Die Föderalisten waren jedoch nicht nur sture Konservative. Freiheit, eine eigene Regierung und die Autonomie waren von ihnen erwünscht. Im Gegensatz zu den radikaleren Republikanern hatten sie Angst vor dem Verlust öffentlicher Ordnung. Sie standen für eine modifizierte Form der traditionellen Gesellschaft. In den meisten Punkten, wie z.B. der sozialen Klassen, verharrten sie jedoch bei der klassischen Lehre.[28]

Die Auseinandersetzung kulminierte nicht, wie häufig in Europa, in Gewalt. „Instead of repression and revenge, ideological passions in the United States found an outlet in polemics and party organization."[29]

Im Jahr 1794 schritt die Regierung unter George Washington zu Maßnahmen, die einen unerwartet starken Protest in der Bevölkerung hervorriefen. Um eine Aufrüstung bezahlen zu können, wurden die Steuern auf destillierten Alkohol erhöht. Diese Steuererhöhung zog Widerstand nach sich, Anhänger der Republikaner

---

[24] Vgl. ebd., S. 51
[25] Vgl. ebd., S. 54
[26] Vgl. ebd., S. 53 und 55
[27] Vgl. ebd., S. 57
[28] Vgl. ebd., S. 59
[29] Ebd., S. 61

weigerten sich, die Steuer zu bezahlen. Daraufhin reagierten die Föderalisten äußerst hart, indem sie eine Miliztruppe schickten. Obwohl der Widerstand ohne Kämpfe zusammenbrach, flammte die Diskussion um die politische Mitwirkung und die Machtkontrolle wieder auf. Die Republikaner stellten das Regierungsverhalten als Unterdrückung dar und nutzten so die Situation.[30] Die Vorfälle wurden von beiden Seiten ausgeschlachtet. In zahlreichen Polemiken beschuldigte man sich gegenseitig. In Zeitungen, Flugblättern und anderen Veröffentlichungen, sowie in vielen demokratischen Clubs, stritten die Autoren um die Legalität von politischer Mitbestimmung.[31]

„The Federalists called upon classical republican ideas to explain how the abuse of power should be checked within government (...)."[32] Jeffersons Anhänger hingegen traten für das Recht jedes einzelnen auf Mitbestimmung ein.[33]

Der von John Jay ausgehandelte Vertrag mit England machte große Zugeständnisse an die Briten. Die bedeutete für die Republikaner nichts anderes als einen verräterischen Ausverkauf. Der entstehende Streit veranlasste viele Amerikaner auf ihre demokratischen Rechte zu pochen.[34] „Priviledge in all its forms came under attack."[35] Anstatt nur die föderalistische Elite zu repräsentieren, war man im republikanischen Lager der Meinung, dass die Amtsträger aus dem ganzen Volk stammen sollten, immerhin wurden sie vom ganzen Volk legitimiert.[36]

Die Republikaner kritisierten insbesondere die sozialen Abstufungen, das Klassenbewusstsein und den privaten Stil der nationalen Elite. „We accomplished the late Revolution without being Well Born (...)."[37] Die Republikaner betrachteten alle Bürger als mit gleichen Rechten ausgestattet. Unterschieden wurden die Menschen ihrer Ansicht nach nur durch ihre Fähigkeiten. Politisch wie wirtschaftlich standen jedem die gleichen Möglichkeiten offen.[38]

Joyce Appleby bezeichnet es als „(...) great ironies of our history (...)"[39], dass die Föderalisten mit ihrer vehementen Durchsetzung einer Zentralregierung den Grundstein für ihre eigene Ablösung legten. Obwohl sie damit die politische Macht

---

[30] Vgl. ebd., S. 63 ff.
[31] Vgl. ebd., S. 65 ff.
[32] Ebd., S. 66
[33] Vgl. ebd., S. 67
[34] Vgl. ebd., S. 68
[35] Ebd., S. 69
[36] Vgl. ebd., S. 69
[37] Ebd., S. 71
[38] Vgl. ebd., S. 74
[39] Ebd., S. 76

der lokalen Ebene einschränken wollten, schafften sie erst dadurch ein nationales Forum für die Demokratisierung. Ohne die nationale Regierung hätten viele Amerikaner nichts vom elitären Gebaren der Föderalisten mitbekommen. Zeitungen verbreiteten sich, und auch die Unterdrückung durch die Regierung konnte den Siegeszug der republikanischen Literatur nicht mehr aufhalten.[40]

Die Republikaner waren eine Bewegung mit umfassenden Anspruch. „(...) the Jeffersonians unified ordinary voters through a vision of classlessness."[41]

Appleby verfolgt in diesem Kapitel anschaulich die politische Entwicklung bis zum Wahlsieg der Republikaner im Jahr 1800 und illustriert sie mit vielen Beispielen. Sie hebt dabei insbesondere die gegensätzlichen Gesellschaftsvorstellungen der gegnerischen Parteien hervor und erläutert ihre gesellschaftlichen Auswirkungen.

2.4 Hoffnung als Antrieb

Nachdem sich Appleby in den vorangehenden Kapiteln mit den britischen Wurzeln, der wirtschaftlichen Komponente und der politischen sowie gesellschaftlichen Entwicklung befasst hat, richtet sie ihren Blick nun abschließend auf die Visionen und Hoffungen die die Republikaner antrieben.

Im Gegensatz zu den Föderalisten lehnten die Republikaner die Vergangenheit als Referenz und Ideal ab. Statt dessen besaßen sie einen positiven Glauben an die Zukunft.[42] Grundlegend für diese neue Verknüpfung war ihr neues Konzept der menschlichen Natur. Indem sie eine natürliche Ungleichheit ablehnten und davon ausgingen, dass jeder erfolgreich für sich selbst verantwortlich sein konnte, entkräfteten sie die föderalistischen Argumente für eine autoritäre Regierung.[43]

Die neuartigen demokratischen und repräsentativen Institutionen der Vereinigten Staaten waren, wie bereits erwähnt, sehr wichtig. Die Republikaner nutzten für sich außerdem, rhetorisch geschickt, den Raum zwischen den revolutionären Reden und dem konservativen Regierungshandeln der Föderalisten. Während die Föderalisten die Modifikation lobten, aber dennoch die Traditionalität des Systems bewahren wollten, versuchten die Republikaner ihre radikalere Vision des freien und unabhängigen Menschen durchzusetzen.[44]

---

[40] Vgl. ebd., S. 76 ff.
[41] Ebd., S. 78
[42] Vgl. ebd., S. 79 und 83
[43] Vgl. ebd., S. 81 ff.
[44] Vgl. ebd., S. 84 ff.

„What clearly animated the Republicans was the principle of hope."[45] Es brauchte diese Hoffnung, um die große Bewegung zu formieren. Gespeist wurde diese Hoffnung von Dingen wie der gelungenen Loslösung von England, von wissenschaftlichem Fortschritt und von der erfolgreichen Wirtschaft. Einerseits erfüllte der wirtschaftliche Aufschwung die Menschen mit der Hoffnung auf grundlegende Änderungen. Andererseits gab dieses neue Wirtschaftsystem, mit seinen Möglichkeiten und Regelmäßigkeiten, eine Antwort auf die Ängste, die von den Föderalisten geschürt wurden.[46]

Nebenbei waren Republikaner wie Thomas Paine, Joel Barlow und Robert Fulton Politiker, die auf ihren Reisen praktische Ideen verbreiteten, wie z.B. Pläne für neue Eisenbrücken oder Informationen über Geschäftsbeziehungen.[47]

Die Republikaner predigten dabei weder Sparsamkeit, noch Genügsamkeit. „What opened before their eyes was the prospect of the widespread enjoyment of comforts."[48] Dieses Ziel wurde durch den Aufschwung hervorragend unterstützt. Damit hatte man ein weiteres schlagendes Argument gegen die autoritäre Regierung der Föderalisten. Die Regierung brauchte nun nicht mehr die Armen und Schwachen zu schützen, denn das alte Problem der Knappheit war beseitigt.[49]

Festzuhalten ist, dass beide Parteien für Modernisierung standen. Es ging hauptsächlich darum in welchem sozialen Umfeld und unter welchen politischen Bedingungen die Modernisierung stattfand. Dabei legten die Republikaner einen weit größeren Schwerpunkt auf die Wirtschaft, als die politisch fokussierten Föderalisten. Im Zentrum ihrer Ideologie stand der Markt, der Wettbewerb und das freie Spiel der Kräfte, diese sollten zu einer harmonischen Gesellschaft führen.[50]

„The very nature of economic development had changed the character of political authority (...)."[51] Die Welt wurde nun naturalistisch betrachtet. So waren die Republikaner unfähig zu sehen, dass es eine Zeit geben könnte, in der auch die kapitalistische Gesellschaft in verschiedene Klassen getrennt sein würde.[52]

Der Sieg Jeffersons war eindeutig. Mit einer Mehrheit in beiden Häusern des Kongresses kontrollierten die Republikaner die nationale Regierung für das nächste

---

[45] Ebd., S. 86
[46] Vgl. ebd., S. 86 ff.
[47] Vgl. ebd., S. 89 ff.
[48] Ebd., S. 90
[49] Vgl. ebd., S. 92
[50] Vgl. ebd., S. 94 ff.
[51] Ebd., S. 97
[52] Vgl. ebd., S. 99 ff.

Vierteljahrhundert. Sie setzten ihre Reformen zügig um, die direkten Steuern wurden abgeschafft, das Staatsdefizit wurde eliminiert und interne Verbesserungen wurden in Gang gebracht, weiterhin förderte man den internationalen Freihandel.[53]

„The Revolution came from the defeat of aristocratic values in American politics."[54] Mit diesem Satz bringt Joyce Appleby ihre Analyse auf den Punkt. Wichtig sind jedoch die von ihr beschriebenen Hintergründe und Umstände um Jeffersons Republikaner als Ganzes zu verstehen.

3. Bewertung

Mit „Capitalism and a New Social Order" hat Joyce Appleby nicht nur eine Analyse der Republikanischen Bewegung von 1790 bis 1800 vorgelegt, sie lässt den Leser darüber hinaus auch in die Traditionen amerikanischer Politik eintauchen. Indem die Autorin insbesondere die Auseinandersetzung der Republikaner mit den Föderalisten untersucht, legt Sie auch die Positionen der konservativen Föderalisten unter ihrem Präsidenten George Washington dar, dabei werden die Unterschiede zwischen beiden Richtungen besonders deutlich.

Obwohl die ursprüngliche Version in vier Vorlesungen getrennt war, gelingt es Appleby die vier Kapitel inhaltlich miteinander zu verknüpfen. Sie beginnt mit ihrer Analyse aufbauend mit der traditionellen Herkunft politischen Denkens in den ehemaligen Kolonien. Interessant ist dabei die Erkenntnis, wie traditionell und britisch-konservativ die Gesellschaft in Amerika war. So muss man bereits die Föderalisten und ihre Weiterentwicklung der englischen Aristokratie als Novum bewerten. Die Ideen, die von den Republikanern vertreten wurden, werden von Appleby mit Recht als revolutionär bezeichnet. Im zweiten Kapitel wird der große Einfluss des Kapitalismus erläutert. Hier geht es der Autorin nicht nur um das Wirtschaftssystem, sondern auch um die Wirkung die diese neue Denkweise auf Wertvorstellungen hatte. Auf die neue Natur des Menschen, als gleichberechtigtes Wesen, bauten die Republikaner ihre neue Sicht der Gesellschaft auf. Dieser Gedanke einer, in dem Sinne der alten Aristokratie, klassenlosen Gesellschaft wird im dritten Kapitel aufgegriffen und weiter untersucht. Nachdem Joyce Appleby die

---

[53] Vgl. ebd., S. 103
[54] Ebd., S. 104

Republikanische Bewegung von ihren Wurzeln her analysiert hat, geht sie im vierten und letzten Kapitel auf die treibende Vision der Hoffnung ein.

Appleby bedient sich bei ihrer historischen Analyse einer manchmal schwer verständlichen Sprache. Dies ist zum Teil dem häufigen Gebrauch zeitgenössischer Zitate geschuldet. Diese setzt Sie jedoch geschickt ein und ermöglicht dem Leser die geschilderten Sachverhalte besser nachvollziehen zu können.

Der Autorin ist es gelungen, eine kurze aber dennoch umfassende Analyse der republikanischen Vision und des treibenden Kapitalismus zu erarbeiten. Besonders positiv ist, dass es ihr gelingt, auf wenigen Seiten zum Kern des Themas vorzustoßen. Erstaunlich ist die historische Tiefe der Analyse, die Wurzeln und Hintergründe genauso beleuchtet wie die Ideen und Zukunftsvisionen. Ein wichtiges Stück politischer Geschichte, nicht nur Amerikas, wurde hier gekonnt zum Leben erweckt.

4. Literaturverzeichnis

Appleby, Joyce: Capitalism and a New Social Order, New York University Press, 1984

Internetseite der UCLA: http://www.ssc.ucla.edu/history/appleby/